JN438082

바라만 보아도

아름다운 당신

바라만 보아도
아름다운 당신

야천 김대식 詩人 4번째 시집

도서출판 청옥문학사

詩人의 말

제4시집을 펴내며 가을의 마지막에 이르니 새삼 세월의 무게가 느껴집니다. 또 한 살의 나이를 더하며 모진 바람같은 인생의 저문 길을 갑니다.

자신을 갈고 닦아 보다 겸손한 모습을 보이려고 노력하면서 독자들에게 보답하고자 제4시집 '바라만 보아도 아름다운 당신' 을 펴냅니다만 부끄럽습니다.

제 작품의 특징은 신앙적 표출에 따라 하나님의 사랑을 전하면서 음률과 작품의 감동을 중심으로 행연을 이어 어린 시절 고향에 추억을 詩에서 그대로 보여 드리며 영화 속 이야기 같이 쓰려고 한 것입니다.

내가 행복하다고 그걸 나 혼자만이 간직하며 살 수는 없는 일입니다. 새순처럼 연약한 사람이 남에 의해 행복을 잃기도 하고, 한 점 부끄럼 없는 사람에게도 어느 순간 불행이 올지 모르는 어려운 길을 함께 가고 있습니다.

우리가 살아가는 방법은 다르지만 분명한 것은 유한한 세월에서 무엇을 이루려면 그저 되는 대로 맡기고 남이 하는 대로 따라만 살 수는 없는 일입니다.

한 번 주어진 소중한 시간 아름답게 바라만 보아도 아름다운 당신이 바로 독자 여러분입니다.

누구를 원망하고 미워할 필요가 있겠습니까? 사랑하며 살아도 시간이 짧은데 말입니다. 나에게 늘 용기를 준 임종성 박사님과 평론하신 김도우 시인님, 최경식 발행인님과 마음을 함께하신 모든 분의 은혜에 감사를 드립니다.

가을 꽃향기, 아름다운 시심을 엮어 마음 깊이 간직하려는데 가을 계곡물 소리에 달빛이 스며드네요.

깊은 가을에….

임진년 창가에 낙엽이 내릴 때…

야천 김 대 식

목록

제 3 부

본 적이 없어도

제 4 부

어머니의 그리움

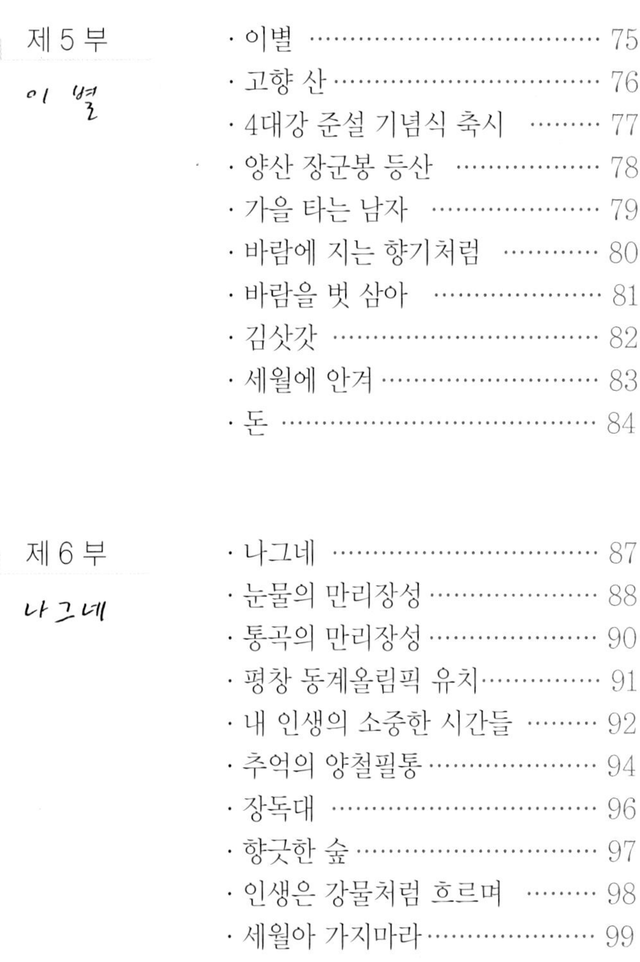

제 5 부

이 별

제 6 부

나그네

제 7 부

고향이 그리운 밤

해 설

제 1 부

고향의 겨울

세상을 희게 만들었던 날
사슴의 눈을 닮았던
내 친구들 보고 싶네요

많은 친구가 세상을 떠났습니다
매년 이맘때쯤 눈이 내리면
먼저 흰 눈 사이를 비집고 떠나버린
내 친구들 생각에 마음이 시려 옵니다.

–'고향의 겨울' 중에서–

고향

타향살이 설움 속에
그리던 고향

꿈속에도
잊지 못해 부르던 어머님

천 리 길 멀다 않고
모처럼 찾아온 고향

부모님 돌아가시고
저 산도 시냇물도 옛 모습인데

내 자란 고향 집 앞마당에
아름다운 꽃들이 나를 반기는데

저 하늘에 옛 모습 흰 구름마저
대답 없이 흘러가네.

고향의 겨울

하얀 눈이 소복이 쌓인 고향 골목엔
한밤이 되어서도
전등불이 필요 없었습니다

눈이 시리도록 하얀 눈이
밤에도 골목길을
환히 만들었기 때문입니다

꼬맹이들에게 눈썰매를 타라고
꼬맹이들에게
눈싸움을 해 보라고

마음씨가 참 예쁜 사람들이 모여 살던
모운동의 겨울엔 마음씨만큼이나
하얀 눈이 참 많이 내렸답니다

바라보기만 하여도
눈이 시린 하얀 눈이
오늘 같은 겨울날에는…

세상을 희게 만들었던 날
사슴의 눈을 닮았던
내 친구들 보고 싶네요

많은 친구가 세상을 떠났습니다
매년 이맘때 쯤 눈이 내리면
먼저 흰 눈 사이를 비집고 떠나버린
내 친구들 생각에 마음이 시려 옵니다.

교정 운동장 눈싸움

눈싸움을 하였습니다
함박눈은 잘 뭉쳐져
눈싸움을 하기에 참 좋았습니다

시린 손을 입김으로
호호 불어가며
눈싸움을 하였습니다

눈이 내리는 날이면 왜 그런지
차가운 겨울바람도 불지 않고
춥지도 않았습니다

발에 눈이 흠뻑 묻어
양말이 다 젖어도
전혀 발이 시리지 않았고

털장갑이
눈에 흠뻑 젖었는데도
손이 시리질 않았습니다

짧아진 겨울해가
얄미울 정도로
모운동 꼬맹이들은

눈 내리는
겨울이 무척
즐거웠답니다.

가슴엔 빠알간 카네이션을

가슴엔 빠알간 카네이션을 달고
어머닌 환하게 웃고 계셨다
나의 어머니
젊어서 고생을 참 많이 하셨다

낯선 타향에서
졸지에 아버님을 잃어버리신 어머니
찢어지게 가난한 가정을
홀로 꾸리셨을 나의 어머니
힘들어도 힘들다
그 말씀 다하지 못하셨다

언젠가 어머닌 나와 단둘이 망경산
봄나물을 캐던 중
힘들지 않으시냐는 나의 물음에
아들아 이 정도 산이 힘들었다면
너희 3형제는 벌써
굶어 죽었을지도 모른다
짧게 대답하셨다

소백산 그 깊고 높은 산자락을
망태 하나 둘러매고
어린 삼 형제 먹고 입히시려고

험한 가시 숲길 덤불 속을
이리저리 남들이 꺽지 않은
나물 캐러 얼마나 다니셨을까

노란 들국화를 매우
좋아하는 나의 어머님은
고난의 그 많은 세월을
어찌 다 보상받을 수 있겠는가

지금은 먼 하늘나라 천국으로 가신 어머니
붉은 장미 카네이션
눈물방울이 흘러내립니다.

겨울 찬바람

밤 서리에 놀란 잎새
자주자주 펄럭이고

들개바람* 눈을 불러
골방으로 들어올 때

속절없는 생각
임 그리움뿐이다

소슬한 서리 바람
북쪽 숲을 스치는데

처량한 까마귀
달 맞아 슬피 우네

가물거리는 등불 아래
임 그리는 눈물이야

임 생각에 솟는 눈물
바늘 귀에 떨어져
하얀 천을 적신다.

*들개바람: 문틈이나 찢어진 창호지 틈으로 들어오는 찬바람, 강원도 토속어.

6.25 전우의 분노

조국의 부름 받고
최전선 이름 모를 고지에서
이름도 모르고 만나 한몸이 되어
적과 싸우다 한 줌 흙이 되어도
우리 조국 부모 형제를 지키자던 말

타는 갈증 생수로 목을 축일 때
마지막 한 방울 남은 수통을 건네주고
적진에 총구를 겨누던 전우

총알은 떨어지고
벌 때처럼 달려드는 적군과
육박전으로 피를 흘리던 전투

아름다운 이 강산 어디에도
그대의 피가 깃들지 않은 곳 없고
이 민족 누구도
그대 은혜 잊지 않지만
당신 무덤 지키는 녹슨 철모가 슬프다.

고향의 김삿갓

솔바람 천년 세월
영월 소백산
어린 단종 비운의 땅에
새소리 벗 삼고
시조를 읊조리며
험준한 재를 넘어
의풍리 와석에 풋잠을 청한
난고 김 삿 갓

밤이면
구름 속에
얼굴을 숨기는 달이
엉성한 문틈을 비집고 들어와
벗하자 유혹하네

감자로 허기 면하고
괴나리봇짐 등에 메고
내일은 고단한 육신
또 어디로
낯선 먼 길 간단 말인가

외로운 저 나그네
외로운 쓴 미소 지으며
굽이굽이 산길을 돌아
산천 풍경에 넋을 잃고
허리춤에 먹 갈고
삿갓 아래 시를 짓는다.

그대 창가에

당신의 체온이
그리워
달빛 속에
그대 모습 그리며 그대 창가에
내 그림자 드리워 봅니다

그리움 속에 설레는
내 가슴 잠재우고 그대 창가에
내 그림자를 드리워 봅니다

그대 곁에 진실과 사랑을 벗하여
당신 마음에
영혼으로 남고 싶어요

그대를 사랑하기에
저 수많은 별빛이 되어
그대 곁에 있고 싶어요

진실로 진실로
당신 곁에서 함께하기를
달님께 빌고 싶어요.

너의 등 뒤에 선 나

너의 등 뒤에서
너를 끌어안으면

너의 왼쪽과 나의 왼쪽
너의 오른쪽과 나의 오른쪽이
정확히 겹쳐진다

나의 심장은
너의 심장과 같은 자리에서 뛰고

나의 왼쪽 손은
너의 왼쪽 손을 잡고

네가
내 눈을 보고 있지는 않지만
내 마음을 읽고 있다

네가 나에게
뒷모습을 보여주는 것은
너의 전부를 내게 주는 것이다.

낙서諾書

하얀색은 한 조각 구름이다
메아리같이 소리 내어 불러보고
사랑하는 사람의 이름을 썼다가 지웠다가
몇 번이고 반복을 했다

찢어진 긴 세월은 흰 안개처럼
한결 아쉬운 여백餘白
얼룩지고 다 낡은 종이에 다시 써보고

말이나 다한 것처럼
허공에 메아리를 부르며
내 마음 그립고 허전해진다

네 마음 다시 불현듯
구름 꽃을 보며 낙서를 한다
나도 모르게 보고 싶은 그리움으로
또 써본다.

제 2 부

눈썰매

모운동에 눈이 내리면
우리는
언덕배기로 올랐답니다
눈썰매를 즐기러
비료 포대를 들고
또 어떤 아이들은
가마니 조각을 들고 말입니다

-'눈썰매' 중에서-

마음의 바람

무더운 여름 뙤약볕 아래
고향을 지키는 얼굴에 구슬땀

이마에 땀을 식혀주는 바람처럼
벽지 산골 그리운 아우가 그립습니다

고향 마을 모든 분에게 꿈과 희망을 주는
바람처럼 아름다운 마음입니다

고향의 모든 일을 자신을 다 내어 보살피고
나이 많으신 어르신들 잘 섬기는 아우

고향 분들 마음에
여름철 시원한 바람이 될 것 입니다.

눈썰매

눈이 내립니다
온 천지가
하얀 눈으로 뒤덮여 버렸습니다

아기 손바닥 크기의
함박눈이 펑펑
하얀 눈이 내렸습니다

언덕 위엔 유난히
눈 내리는 날이 많았습니다
내가 어린 시절을 보낸
강원도 영월 그리고 모운동엔
눈이 참 많이 내렸답니다

지금도
그때만큼 눈이 많이 내리는지는
잘 모르겠습니다

겨울에 내린 눈은
좀처럼 녹질 않고
늦은 봄이 되어서야
골목길을 온통 질퍽거리는

진흙 밭을 만들며
서서히 녹았답니다

모운동에 눈이 내리면
우리는
언덕빼기로 올랐답니다
눈썰매를 즐기러
비료 포대를 들고
또 어떤 아이들은
가마니 조각을 들고 말입니다

가마니 조각에 올라앉아
미끄러운
언덕을 타고 내려갑니다

고함도 지르고
노래도 부르며 신나게
썰매를 즐겼답니다.

바라만 보아도

파랗게 멍든 아픔도
사랑으로 씻어집니다
아직도 당신 마음에
나를 사랑하나요

삶의 마음이 혼란스러워
우울하신가요
우리 맑은 마음 연주
천년 그리움이 있잖아요

당신과 내가
함께 기대어
살아온 세월
살아간다는 것 무엇인가요

사랑하는 우리 마음
얼마나 큰 힘인데요
당신은 혼자가 아니어요

우리는 함께 나누며
이렇게 행복의 샘물을
나누어 먹고

풍랑을 만날 때에는
인내로 참고
이별의 서러움이 있을 때에는
깊은 사랑의 손길로 안아 주고

천년 그리움의
강가에서 우리는
작은 믿음으로
서로를 사랑으로
바라만 보아도
당신은 아름답습니다.

사랑의 아름다운 향기

그는 작은 키 때문에
늘 공원 벤치에 올라서
고개를 숙인 채
내게 뽀뽀를 하였다

사랑은 주어진 환경이나
머리로 하는 것이 아니라
마음으로 그리고
눈으로 하는 것이라 하던
그녀는
작은 키에 눈이 참 예쁘고
말하는 모습이 참 귀여웠다

별이 참 아름다웠던 그날 밤
철 이른 해운대 백사장에서
나는 노래를 불렀으며
그녀는
노래에 맞춰 춤을 췄다

함께한 아이들은 손뼉을 치거나
노래를 따라 부르며 깔깔거렸고
그렇게
초 여름밤은 깊어만 갔다.

산다는 것은

산다는 것은 주고받는 것
인생은 주고받는 재미에 산다

그러나 준 것을 기억하지 말라
준 것은 될수록 잊어버리는 것이 좋다

받은 것은 잊지 말라
꼭 기억했다가 반드시 갚아야 하고

누군가를 도와주고
누군가에게 내가 가진 것을 주고

그 준 마음을
생색내고 보상받으려고 하는 나

그런 나 자신을 버려야 한다
진정 준다는 것은 베푼다는 것은

스스로 원해서 기쁜 마음으로
내가 가진 것을 기꺼이 주는 것이다.

송년의 시

이제 그만
훌훌 털고 보내주어야 하지만
마지막 남은 하루를 매만지며
안타까운 기억 속에 서성이고 있다

징검다리 아래 물처럼
세월은 태연하게 지나가는데
시간을 부정한 채

지난날만 되돌아보는 아쉬움
내일을 위해
모든 어둠이 걷히고

아픔과 기쁨으로
수놓인 창살에 햇빛이 들면
사람들은 덕담을 전하면서 또 한 해를 열겠지

새해에는
멀어졌던 사람들을 다시 찾고
낯설게 다가서는 문화를 받아들이면서

올해 보다
더 부드러운 삶을 살아야지
산을 옮기고 강을 막지는 못하지만

하늘의 별을 보고 가슴 여는
아름다운
감정으로 살았으면.

스승의 은혜

분필가루 세월에
흰 머리 되시고
조용 조용히 해라
목청 높이어
아는 것이 힘이고 배워야 산다
스승님 가르침
귓전에 울립니다

때리고 눈물짓던
스승님 그 모습
긴긴 세월 속 추억인가
감사의 은혜 잊히지 않습니다
짐승도 제 주인 은혜 알건만
사람이 되어
스승의 은혜 왜 모를까
가까이 모시지 못해도
카네이션 한 송이 달아 드립니다.

시인이 사는 세상

바람에 날리는 낙엽들
가로수 은행잎 주워
사랑하는 사람에게 시를 써주며
가지 끝자락에 매달린 은행잎
가는 세월에 애달파 떨 때
시인은 그것을 바라보며 시를 읊조린다

은행잎은 사랑하는 그대를 기다리다 지쳐
노랗게 말라 바람에 날리며
시인도 가을바람 따라 먼 여행길 가고
시인의 낭송 소리도 메아리처럼 사라지고
시인의 낭송에 취했던 청소 아저씨는
떨어지는 은행잎들을 빗자루 쓸어
자루에 담는다

청명한 가을 맛을 아는 사람들은
나에게 더 좋은 시를 쓰라 하고
나는
오색 단풍을 바라보며
시를 짓고 듣는 사람이 많이 사는
아름다운 세상이 오기를 바란다.

슬퍼지는 하루

세월이 지나면
늙는다는 것
몸에 병이 온다는 것
참으로 서글프게 하는 것들입니다

어머님 살아생전 함께한 세월
지금 내 앞에 앉아
진지를 드시는 어머님은
예전의 단아한 어머님의 모습이 아닌
그저 생각 없이
먹는 일에만 열심히 하는
어린아이 같은
모습이 되어 계십니다

나도 모르게
어머님의 모습을 보며
슬그머니 젓가락을
내려놓으면서
어머님께 물을 건네 봅니다
어머님 천천히 꼭꼭 씹어 드세요
여기 있는 음식 누가 먹지 않으니까
체하면 고생 하세요

그러니 꼭꼭 천천히 드세요
반복해 봅니다

그 말이 좋으신지
고개를 끄떡이시면서도
잡채 접시를 당신 앞으로 끌어다 놓으시며
정신없이 드시는 모습에
마음이 무너지고
앞의 시야가 흐려집니다.

아름다운 당신

무심하게 흐르는 세월
구름 속 달을 보며
가까이 있지 못해
서운한 마음

보고 싶다
투정하지 않을래요
편지 자주 없어 서러워도
울지 않을래요

늘 멀리서 바라만 보아도
아름다운 당신이 계시거든요
만나지 못해도
우리는 마음으로 늘 만나고
가슴으로 매일 느낍니다

당신의 얼굴이
세월에 아롱거릴수록
우리의 사랑이
이루어지길 소망합니다.

제 3 부

본 적이 없어도

비록
직접 만나 본 적이 한 번 없이도

본 이상으로
가슴을 설레게 토닥여주는
그런 애정이 깊은 그대

-'본 적이 없어도' 중에서-

삶이란 때론 이렇게

삶이란 때론 이렇게
혼자 가만히 있다가
갑자기 허무해지고

아무 말도 할 수 없고
가슴이 터질 것만 같고
눈물이 쏟아지는데

누군가를 만나고 싶은데
만날 사람이 없다

주위엔
항상 친구들이 있다고 생각했는데

이런 날 이런 마음을
들어줄 사람을 찾아
수첩에 적힌 이름과 전화번호를
읽어 내려가 보니
모두가 아니다

혼자 바람맞고 사는 세상
거리를 걷다 가슴을 삭히고
뜨거운 어묵에 쓰디쓴 소주 한 잔에
흥얼대는 콧노래, 아
삶이란 때론 이렇게 외롭고 쓸쓸한가.

본 적이 없어도

잠깐 만나
차 한 잔도 마셔본 적 없지만
행복을 주는 사람

생각이 통하고 마음이 통하고
꿈과 비전이 통하는 사람
같이 있기만 해도 마음이 편한 사람

눈 한번 마주보고
미소 지은 적 없지만
얼굴에 미소를 보아도 정이 넘치는 당신

비록 직접 만나 본 적이 한 번 없어도
본 이상으로 가슴을 설레게 토닥여주는
그런 애정이 깊은 그대

기다려지는 사람이 당신
사랑하고 싶은 그대
정다운 그런 사람이 바로 그대

아침 햇살이 상수리 나뭇잎에 부대끼며
아스라이 쏟아지던 햇살에
임이 보고 싶고

나도 임처럼 남들에게
행복감을 퍼줄 수 있는 사람인지
행복을 주는 사람인지
다시 한 번 돌아보게 되는 하루입니다.

이 글을 읽는
당신은 본 적 없어도
행복을 주는
그런 사람이 되시길 소망합니다.

숲의 향기

풀꽃이 좋아 숲 속
생명 모두가 귀합니다
조그만 생명체
하나하나가 나와 같은 육체

숲을 사랑한다면
숲은 더 많은 걸 우리에게
선물을 할 것입니다

등나무, 편백, 솔향 가득한
곰솔 소나무 아침 숲길
한번 걸어볼까요

태곳적 생명의 터전에서
겨우내 움츠렸던 몸을
하늘로 뻗어봅니다

새처럼 바람처럼
초록 공기 누리는
나의 몸속으로.

만남은 필연이다

이별이란 말만 해도
서운해 하는 마음은
맑은 물 같은 마음이며
스승과 제자의 만남은 필연이다

16년간
긴 학교생활 속에
선생님과의 만남은 생의 길에 있을
축복과 불행을 배우는 과정
스승과 제자 간의 만남은 축복으로
좋은 스승 아래 좋은 제자가 태어 난다

부모 같은 스승님
자식 같은 제자
노후에 만남을 그리워하는
스승과 제자
가을 산천을 물들이는 단풍보다 더 아름답다.

짝사랑 편지

그날도
나는 편지를 쓰다
잠이 들었다
하이얀 눈이
밤하늘 가득 내리던
그해 겨울에도 말이다

머언 발치에서
바라다만 보아도
얼굴이 붉어지던 그 애
아마도 내가
이성을 조금씩 알아가던
그해가 아니었던가 싶다

까만 교복에
빡빡머리 소년의 가슴속에
작은 이성이 다가와 싹을 틔웠다

예쁜 분홍빛 편지지에 하나 가득
단발머리 소녀에게
편지를 썼다 지웠다 반복하며
어느 날엔 밤을
하얗게 지새우기도 했었다.

신의 노여움

하늘의 신은 더는 일본의
망언을 그대로 볼 수가 없었다

하늘과 바다와 땅을 흔들고
강진과 여진을 보내
땅이 갈라지고
집들이 사람들이 땅속으로
내려가고

초속 200km 쓰나미가
악의 뿌리에 신의 노여움을 보여 주려고
땅과 집과 자동차
모든 걸 쓸어 버려서
먼 바다로
영원히 수장해 버렸다.

쌀밥

하얀 사기 사발에
김이 모락모락 쌀밥

일제 강점기
한국전쟁
초근목피

허기진 배를 채우지 못해도
불평하지 못하던 시절

부의 상징 쌀
백의민족 한 맺혀온 쌀밥

흰 쌀밥 누구인들
싫다 하리요

그 시절 어느 누구도 흰 쌀 만석꾼
꿈을 꾸어 보지 않은 이 있었을까?

만남의 축복

부부의 만남
마음을 읽고
눈빛으로 말하며
좋은 점은 칭찬과 자랑으로
부족한 점은 안아 주면서
긴 인생 항로를 함께 일심동체로

좋은 만남의 축복 속에
귀여운 자녀들이 탄생하며
자녀는
좋은 부모 인연으로 복을 받는다

좋은 만남은
지상천국으로 갈 수 있지만
잘못 만남은
영원한 적과의 동침이요 불행의 시작이다

우리 부부들은
상대의 약점을 들추어 말을 하지 말고
좋은 점만 자랑을 해야 한다

가정에 행복과 불행은
말조심에 비중이 있으니
좋은 말을 해야 한다.

눈을 감으면 보인다

마음으로 봐야 잘 볼 수 있는 것
무엇이 있을까요

눈을 감아야 오히려 잘 보이는 것
어떤 것들일까요

어릴 때 어머니께 혼나고 나서
맨 처음 올려다봤던 그 하늘

내가 실의에 빠져 있을 때
내밀어 주던 친구의 손길에 담긴 온기

용서할 수 없을 것 같던 사람을 용서한 후
뻥 뚫린 듯 후련해지던 마음

맨 처음 사랑을 느끼고
온 세상이 그 사람으로 꽉 차던 열정.

야호동산*

사랑하는 제자들아
여기 야호동산에 올라서서
파란 하늘 바라보아라

하늘 끝까지 올라
실바람을 끌어안고
날개 달린 친구들과 속삭이고 싶어라

동산 위에 올라서서
파란 하늘 바라보며
모운동 동산을 마음속에 그려 본다

하늘 끝까지 올라
실바람을 끌어안고 아름다운 그대들과
야호동산에 뛰어놀고 싶어라

나의 일터가 거기에 있네
내 여생을 다할 여기 두원골
새소리 물소리 자연과 함께

야호 동산에서
어린 제자들 까만 눈동자 그리며
그대들과 영원히 야호동산에 살리라.

*야호동산: 자주 올라가던 마을 뒷산에 아이들이 붙인 이름.

제 4 부

어머니의 그리움

내 사랑하는 아들아
이제야 돌아왔나 환상의 메아리가
내 마음을 흔들고
당신 모습이 환상처럼 떠오르고

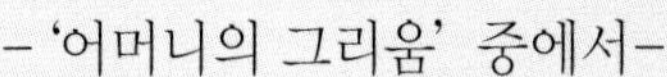

-'어머니의 그리움' 중에서-

오솔길의 그리움

오솔길 그리움
그대와 함께 손을 잡고
낙엽을 밟으며 빨간 열매를 보며
사랑을 맹세했지요

낮에는 당신 생각에
구름 속에 그 얼굴을 그리며
밤에는 별을 보며 그대를
생각합니다

가을밤 귀뚜라미 소리에 잠들면
아름다운 당신과 헤어지기 싫어
몸부리치다가 잠이 깨어
창가에 달을 보며
지난날 당신의 향기를 생각합니다.

어머니의 그리움

해마다 찾아오는 여름휴가
살아생전 어머니가 그리워
뵙고 오려고 고향으로
고향으로 마음은 달려갑니다

유년시절 시골 풍경 평화로운 마을이
나에게로 다가왔습니다
지금은 뒷동산 어머니 묘소에
산새 소리가 나를 반기고
이름 모를 야생화 꽃들이 나를 반깁니다
솔바람 소리에 어머님 음성이
들리는 듯합니다

내 사랑하는 아들아
이제야 돌아왔나 환상의 메아리가
내 마음을 흔들고
당신의 모습이 환상처럼 떠오르고

오랜 세월 병마와 싸우다 힘겨운 손을 놓고
천국으로 가신 어머니
살아 생전 어머니와 함께 살던 추억들
여름에 햇살처럼 차곡차곡 추억들

지금은 바람에 세월에
여름장마 비에 씻기어 갔습니다

한없이 보고 싶은 어머니
바다보다 더 넓은 당신의 사랑을
불효자 가슴속에 고이 간직하며
애달프게 어머님을 불러봅니다.

울지 않는 새

하늘하늘 나뭇가지에 앉은
이름 모를 새야

누구를 그리
애타게 기다리나

고운 날갯짓
어디로 날아 가려나

무슨 사연에 소리 내어 울지 못하고
눈망울에 눈물 맺혀 있는가

먼 산 바라보며
외로이 넋을 잃고 있는 너

하늘의 흰 구름만
사랑하자 하는구나.

인생의 빈 지게

우리 조상 대대로
물려온 빈 지게
인생의 행복과 사랑을 지고 온
저 빈 지게

할아버지 아버지
손때가 담긴 빈 지게

나 또한 인생의 무거운 짐을 지고
넓은 냇물 건넛산을 넘어
몇 번 쉬어 지금까지 지고 온
저 빈 지게
잠시 쉬어 땀을 닦으며
빈 지게를 바라봅니다

남은 세월은
아름다운 금수강산만이길 기도하며
빈 지게 지고 떠나야지요.

일본의 대재앙

일본의 망언에 놀란
천치 창조자 하나님
지구촌의 일본의 나라를
너무 잘 알고 있다

동방에 조용한 조선
백옥 같은 고운 심성
정이 넘치는 나라

임진왜란 긴 전쟁
먼 바다를 건너와서
조선을 약탈하고
부녀자와 어린아이들을
파리 죽이듯 하며
집과 가축을 불태우고

일제 36년간
우리 민족 성과 이름을 빼앗고
국토 이름도 일본식으로
바꾸더니

오늘날 그도 모자라
긴 역사 속에 전해 오는
명백한 한국의 땅
독도를
뜬구름 잡듯 자기네 땅이라고
교과서를 허위 작성하며
천진난만한 일본 어린 세대에게
주입식 정신교육을 시작하니
신의 노여움
지진과 쓰나미를 보낸다.

자연과 함께

자연은 원점을 향하여
바람에 밀려가네
바람이 밤의 달을 밀고
달은 여명의 해를 밀고
나는 여명에 밀려
자연과 세월 이끌리고
세월은 시간을 잡으러 간다
이것이 우리의 하루다

네 명의 친구가 자기를 소개한다
저는 예쁜 소녀 봄입니다
저요 날씬한 여자 여름이고요
저는 멋쟁이 신사 가을이라고 합니다
냉정한 사나이 겨울입니다
심술이 많은 편이고요
그러나 봄에게 약합니다

봄은 우리를 제일 먼저 반기며
산천에 꽃구경 가자고 유혹하면
우리는 봄의 여신에게 손을 잡혀
나비 따라 여행을 떠난다

새로운 친구 무더운 여름이 나와
봄 동안 수고가 많으셨지요
여름은 수영복 차림에 온몸이 땀이다
자 바다로 향해가요

가을이 색채 옷 자랑을 한다
나도 그 아름다운 색상에 반하여
가을에게 옷을 같이 입자고
이산 저 산에게 손을 내밀며
오색 단풍으로 몸을 가리고 또 여행을 한다

어디선가 야호 겨울이다
나 좀 보세요
흰색을 자랑하는 악명의 사나이
겨울이다 심한 눈보라와
폭설로 나의 마음과 몸에
고통 안긴다
빨리 좋은 친구 봄이 와야 하는데
시간을 멈추지 말고 빨리 와야 하는데
가는 세월을 원망하지 않을 테니 빨리 오세요.

책 속에서 인생의 진리

노랫가락의 감동
시 한 구절에 느끼는 영감

이 모든 것은
눈을 뜨면 보이지 않습니다

그러나 눈을 감으면
뚜렷이 보입니다

잎이 무성한 여름 산책보다
잎이 다 져 버린 겨울 산에 올라야

비로소
산의 길이 보이지요

지금
눈을 감아보면

책 속에서 보이는 인생의 진리는
나의 이정표 진정한 내 길 .

추억의 오색 사탕

빨, 주, 노, 초, 파랑
유리병 속에 아름다운 색상들

구멍가게 앞을 지날 때
나는 오색 무지개 사탕에
자연히 발길이 멈추고
알, 록, 달, 록 색상에
나의 눈은 고정되고
입속에 침이 꼴깍 넘어가네

내 어린 시절
아버지가 드신 빈 술병 들고
구멍가게 가면 주인 할아버지
아가야 이 오색 사탕을 줄까
입가에 웃으시며
한 줌 사탕 주셨다

나는 파란 하늘을 보며
입속에 달콤한 맛
어린 가슴에 꿈과 희망이
맑은 하늘에
오색 무지갯빛으로 변할 때
좋아 기뻐서 깡충뛰며
흥얼흥얼 콧노래를 불렀습니다.

풍경

산 풍경 노송나무에 학이 울고
봉황새 구름 따라 나는데
뒷산에 약초 캐서 앞 냇가 씻고
민물고기 낚아 먹으니 배부르고
약초 술에 세상이
아름답고 즐거운 마음이로다

휘영청한 밝은 달빛 타고
새 울음소리 흐르고
한가한 나그네
밤하늘 별을 세며
구름 속에 숨은 달빛을 희롱하네

바위에 누웠으니
수풀 사이 풀벌레 소리에
고향 생각이 절로 나네

무심한 솔바람
창 빛에 숨어드는 달빛
술기운이 감돌고
내일은 어느 마을로 갈까.

해바라기 같은 사람

여름 햇살에 얼굴 들고
아지랑이 심술에 얼굴 숙이며
미소를 짓는 당신
보름달만큼 밝은 표정으로
나를 바라보며 미소 짓는 눈꺼풀
네 마음 가져가려고
나를 보고 미소 짓는 당신
그대 향기는 라일락 꽃 냄새

그대 향기에
나는 정신이 혼미하네요
별빛 같은 당신 눈동자에
나의 모습이 보여요

당신 마음에 내가 있고
그대 눈동자에
내 얼굴 보여요

늘 옆자리에
나를 지켜주세요
밤하늘
은하수를 바라보며
그대 꼭 안아 줄게요.

제 5 부

이 별

서산에 넘어가는 해가
시간을 재촉하는데

이별과 슬픔의 눈물이
앞을 가리우고

-'이별' 중에서-

이별

떠나는 임의 발목 잡는 건
사랑하는 그대의 눈물이라

아지랑이 햇살에 호랑나비가
떠나는 임에게

길동무가 되어
길을 재촉 하네

서산에 넘어가는 해가
시간을 재촉하는데

이별과 슬픔의 눈물이
앞을 가리우고

산새들도 울며 작별을 고하며
깊은 마음 달래듯

산천에 진달래꽃
붉은 색상만큼 피멍이 들고

무심한 구름도
발길을 재촉한다.

고향 산

아침부터 눈이 내린다
함박눈이 마구 휘날린다
멀리서 바라본 은빛의 세상이
저리도 아름다울 수가 있으랴
난 베란다 창을 열고
은빛 세상을 디카에 담았지만
고향 눈이 아니어서인지
사진이 뿌옇게 나왔나

어제 내가 올라갔던 산이
고향 산 같았다면
앙상한 나뭇가지 위에
오늘은 하얀 눈꽃이
송이송이 달려 있겠지

강원도 고향 산에서는
낙엽도 눈꽃도 눈부신데
낙엽은 밟혀 부스러지고
눈꽃도 연기를 쓴 듯 흐릿한 것은
사람 사는 곳이 못 되어 그런가 보다.

4대강 준설 기념식 축시祝詩

새 강물
우리의 동심의 강
4대강 흐르는 곳곳에서
우리의 역사가 흐르고

사람들이 살기 좋은 강
강바람 시원한 희망
4대강은
우리 삶에 큰 그릇이다

아침 햇살에
은빛 부서진 조개들
이 가을에 철새들 활력에
가슴이 시원하다

아름다운 강산
맑은 하늘에 구름을 안고
흐르는 강

평화의 강 낙동강
기름지고 아름다운 4대강.

양산 장군봉 등산

숨이차면 퍼져 앉아
물 한 모금 웃음 한 번
처음 보는 사람인데
눈길들은 다정하다

오를수록 넓어지는
시야 따라 감동 크다

선행대원 자리 잡고
점심 삼매 중이로다
자리 비켜 둘러 앉아
진수성찬 동참이라
내 것 무소 네 것 묵자
후한 인심 등산 재미

장군봉을 좌로 두고
범어사 당도하니
후련하고 시원하고
별유천지 비인간*

말만듣던
그 명산을
나도 한 번 올랐노라.

* 이백의 산중문답 중에서

가을 타는 남자

둘이 한마음으로 가자던 언약도
고단한 삶의 향기도
바람결에 멀어져만 가고

그 어느 틈엔가 가을
가슴 한구석에 자라난
지난 세월 그리움
낙엽을 떨구는
나뭇가지의 몸부림 같다

길가 한 모퉁이에 핀 들국화와
가을 햇살에 파르르 떠는 빨간 단풍잎과
구슬피 우는 풀벌레 소리에
나도 따라 가을 노래를 부른다

어찌할 수 없는
불가사이한 법칙 앞에서
작아질 수밖에 없는 나는
어디로 흘러가고 있는 걸까
구름아 바람아 나도 같이 가자.

바람에 지는 향기처럼

나의 앞에서 말해주었던
사랑한다는 말도
당신도
떠난다

나와 함께했던
수많은 약속들을 버리고
못내 눈물도 아깝다며
돌아서는
너에게
나는 어떤 존재이기에
기나긴 밤에
오늘도
나는 한 잔으로 눈물을 마신다

비틀거리며
잠이 들면 어느새 아침이 되어
언제 그랬냐는 듯
묻어버린 채 서산에 해를 보며
살아가고 있는 내 인생이
고달프다.

바람을 벗 삼아

언제부터인지
나 혼자 텅 빈 거리를
방황하며 걸었다

친구 놈들도
어디론가 가버리고
혼자 바람을 벗 삼아

한잔 또 한잔
기울이며
늦은 새벽 속에 적당히 취한 나는

위태롭게 비틀거리며
집으로 걸어가는 이 길이
멀기도 하여라

나의 마음을 흔들어 놓는
바람이 스쳐지나간다
그냥 불러보는 내 사람의 이름이
그냥 스쳐지나간다

이 길에서 나는 비틀거리며
괜찮다며 위로를 건네는
바람에게 고마워 고개를 숙인다.

나그네

뭉그러진
가슴 한구석 부여잡고

사공 없는 나룻배에
허공에 외치듯 손짓해 본다

사공 없는 나룻배는
흔들거리는 물결에도 일렁이지만

길 떠나는
나그네의 봇짐 속에는

그리움 하나
살며시 자리한다.

세월에 안겨

잔주름 골이 파인
계절의 눈매에 걸린
세월에 안겨
숨 같은 삶
살아가는 것이라는 걸

글쎄 말이여 누구에게
내 허물을 보이고 싶지 않아
나 또한 남의 허물을 보지 않으려
고개를 돌리면
어느새 내 앞에와 앉아
동정을 살피는 너
이 또한
자네의 가랑이 속이거늘
무에 잡아당기려는가

어이 세월
자네의 뒤를 따라가고 있는
끝없는 줄들이 보이질 않은가
제발 잡아당기지 말게나.

돈

발이 없고 눈도 없이
온 세상 두루 다녀도

모든 사람
문밖에서 너를 기다리네

병든 사람에게 의원이고
가난한 집 살림 일으키나

갈 때는 무심해도
올 때는 기쁨 주네

모든 사람 모든 나라
너에게 손 모아 빌어대니

가나오나 천하장사
그 기세 죽을 줄 모르네.

제 6 부

나그네

서산에 해는 저문데
떠나가네 떠나가네
산바람에 몸을 싣고
산허리를 굽이돌아
떠나가는 봉이 김선달
시 한 수 술 한 잔에
시름을 덮고 나그네는
껄껄 웃으며

– '나그네' 중에서 –

김삿갓

떠나가네 떠나가네
낙동강에 배 띄우고

바람에
흔들흔들 떠나가는 저 배

이 마을 저 마을
시 한수 벗 삼고

껄껄 웃으며 어디로 가나
서산에 해는 저문데

떠나가네 떠나가네
산바람에 몸을 싣고

산허리를 굽이돌아
떠나가는 봉이 김선달

시 한 수 술 한 잔에
시름을 덮고

껄껄 웃으며 어디로 가나
서산에 해는 저문데.

눈물의 만리장성

신혼의 아름다운 하룻밤 풋사랑
결혼한지 사흘도 안 되어
관청에서 남편을 징용하여
만리성 쌓는 곳으로 끌고 가네

여인은 밤낮 근심과 눈물로
만리장성 잡혀간 남편을
달을 보며 애타게 그린다

고추보다 매운 겨울밤
꿈속에 남편이 울며
여보 추워 죽겠어요

아내는 솜옷을 준비하여
만리장성 쌓는 곳을
물어서 찾아 갔으나
남편은 이미 죽었다

사랑하는 남편을 위해
사흘 밤낮을 대성통곡을 하며
남편을 살려내라고 울부짖었다

이때 천둥 번개가 치며 하늘에서
폭우가 쏟아졌고
만리장성 40리가 무너져 내렸다

무너진 장성 속에는 무수한 시체가 나왔고
통곡의 여인은 사랑하는
남편의 시체를 찾아 안고
강물에 몸을 던져
사랑하는 사람 옆으로 갔다.

· 해설: 지금도 중국 하북성 산해관 쪽에 그녀의 묘가 있으며
여자는 맹강여 남자는 만희량이라고 한다.

통곡의 만리장성

하늘의 옥황상제가
인간들에게 선물로 주신 땅

수많은 노역자 이곳으로 끌려와
밤낮 강제 노역으로 피골이 마르고

깊은 잠 꿈에
부모를 그리고 사랑하는 아내가 보고 싶어

잠결 몸부림에 일어나
하늘을 보며 눈물 흘리네

나그네의 귀에 산새 소리 대신
지난 세월 강제노역자들 망치 소리

바람 소리 대신
저 채찍의 고통소리

수많은 관광객 인파 소리가 귓전을 울리다
오라 여기가

세계에서 가장 긴 무덤
통곡의 만리장성이어라.

평창 동계올림픽 유치

2018년 동계올림픽
유치를 위한 평창군
동계올림픽
홍보에 너도 나도 나선다

지난 2월
강원도 지역에 내린 눈이
국내 최고의 청정지역
천혜의 자연환경
그 빼어남을 다시 드러냈다

강원도에서
동계올림픽이 열리게 되면
세계인의 이목을 사로잡아
우리나라 경제에
엄청난 이바지를 할 것이라는
강원도 도민들의 염원

2018 평창
동계올림픽 유치를
흰 눈을 보면서 기원합니다.

내 인생의 소중한 시간들

어느 때인가 내 인생의 소중함을
깨닫게 되었을 때
바람에 떨어지는 나뭇잎
길가에 피어 있는 작은 꽃
작은 돌 하나까지도
내게는 다 삶의 의미로 동반자

내 인생의 가장 큰 의미는
내 이웃들
슬픈 일, 기쁜 일, 외로운 일, 미운 일
착한 일, 가난까지
이 모두가 내 삶의 이유

내 소중한 이웃이 없다면
내 인생은 무슨 의미가 있을까
사랑하고 미워하고 함께 울고 웃고
괴로워할 수 있기에
내 인생에 진정한 소중한 의미
가난한 내 삶을 풍요롭게 해 주는 것
아! 이 소중한 삶의 시간들은 너무도 짧다
한정돼 있는 것 같다
아름다운 삶의 순간순간이

시간 속에 묻혀가는 것을 느끼며
나는 안타까움에 가슴을 졸인다

더 사랑해야지
더 크게 울고 웃고 괴로워해야지
이 귀한 삶의 시간들이
그냥 소홀히 지나쳐가지 않도록

어느 때인가 내 인생의 소중함을
깨닫게 되었을 때
바람에 떨어지는 나뭇잎
길가에 피어 있는 작은 꽃
작은 돌 하나까지도
내게는 다 삶의 의미로 동반자
내 인생의 가장 큰 의미.

추억의 양철필통

추억 속에 내 친구
매우 가난했던 세월
더욱 보고 싶습니다

책가방이 없어
늘 보자기에 책과 공책
필통을 함께 싸서
어깨에 둘러메고 학교엘 옵니다
친구가 달음질을 치면
어깨에 둘러멘 책보자기에선
필통 소리가 납니다
친구 필통은 양철 필통이라
소리가 더 커다랗게 들립니다
딸그락 딸그락

친구는 시골 밭두렁 길로
학교로 뛰어 왔습니다
친구야 같이 가자
건넛마을에 사는
내 초등학교 친구였지요
검은 얼굴에 동그랗고
까만 눈이 예뻤던 친구

마음씨도 무척 착한 친구
키가 비교적 작았던 친구
나무 오르기를 잘해서인지
우리는 그를
다람쥐라 불렀습니다
여름에도 내 친구들은
친구가 사는 건넛마을로
옥수수를 먹으러 갔습니다

지금은 내 곁에 없는
벌써 수년 전 우리 곁을
떠나버린
착한 친구를 생각 합니다.

장독대

햇살이 어머니의 손길처럼
장독대를 닦는구나
항아리 간장 위로 구름 꽃이
피어나고

봄의 따사로운 매화꽃이 우리 어머니
고운 얼굴 보듯 생각납니다
내가 살던 고향 집 지붕 위 잡초와
담벼락 햇빛마저
모두 거두어 가버린 어스름 고향 집은
어디로 갔을까

앞마당 빨랫줄에 하얀 구름옷이 날리고
저녁 때 골목을 지나면 밥하는 연기가
푸른 하늘에 머리 풀고 날아가며
달빛은 부엌 문틈 사이로 환하게 비치고
별빛에 숙성 되어 익어가는
간장, 된장들

당신의 아름다운 마음 이웃 사랑에
장맛 모두 퍼주고 남은 빈 장독처럼
어머니 그리운 적막이
봄바람 따라 장독대를 돌고 있네요.

향긋한 숲

도시 근교 숲
트레이닝복 운동화를 신고
숲 속을 달리며
발로 전해진 대지의 촉촉함
예전에는 결코
느껴보지 못한 뭉클함
땅이 그렇게 부드러운 줄
미처 몰랐습니다

빗방울을
한껏 머금은 듯한 나무의 싱그러움
누가 더 큰지 내기라도 하듯
잎을 활짝 벌린
아름다운 꽃들
파랗게 물든 나뭇잎들
바닥에 쌓인 낙엽 아래 숨은
조그만 생명들 꿈틀거림
스치는 바람에 실린
향긋한 숲 냄새와 바람 소리
늘 자리를 지키고 있는 자연 모습

숲에는
치유와 생명의 에너지가
차고 넘쳤습니다.

인생은 강물처럼 흐르며

인생은 강물처럼
푸른 하늘에 구름처럼 흐른다
우리는 지금 이렇게 이 자리에 앉아 있지만
끊임없이 흘러가고 늘 변하고
날마다 똑같은 사람일 수가 없다

우리가 누군가에 대해서
비난을 하고 판단을 한다는 것은
한 달 전이나 두 달 전
또는 며칠 전의 낡은 자로서
현재의 그 사람을 재려고 하는 것과 같으며
그 사람의 내부에서
어떤 변화가 일어나는지는 아무도 모른다
그렇기 때문에
타인에게 대한 비난은 늘 잘못된 것이다

우리가 어떤 판단을 내렸을 때
그는 이미
딴 사람이 되어 있을 수 있다
말로 비난하는 버릇을 버려야
우리 안에서
사랑의 능력이 자라고
이 사랑의 능력을 통해
생명과 행복의 싹이 움트게 된다.

세월아 가지마라

세월이 무심하구나
산천의 옷을 모두 벗겨
어찌하여 저리 추한 모습 만드나

가지 마라 세월아
넌 가면 또다시 돌아오지만
사람은 가면 오지 못한다네

달빛 시린 창문 밖 오동잎
가는 세월이 애처로워하네
밤하늘 달과 별도 세월 따라가려나

이 밤 새고 나면
무슨 세월이 또 올꼬
제야 종소리 따라
신묘년아 잘 가거라.

제 7 부

고향이 그리운 밤

나의 몸무게는 보여도
부모님 사랑
선생님의 가르침
친구들 우정은 모두 고귀한 사랑
사랑을 저울에 올려도
저울 눈금은 그대로
무게는 달수가 없네요

-'저울로는 달 수 없는 무게' 중에서-

고향이 그리운 밤

벗꽃 나무 아래
홀로 하늘 보는
외로운 나그네

지금쯤 형제들 높은 곳에 올라
진달래 꽃 바라보며
한 사람 모자란 줄 문득 알겠지

침상 앞에 든 달빛 보고는
눈물어린 머리 들어
산 위의 달을 바라보다가
고개 숙이고 고향 생각한다.

가슴에 작은 꿈 묻고

가슴에 작은 꿈 묻고
이름 없는 들꽃을
마음으로 안아주는 그대
서로의 사랑을
감싸 안을 줄 아는 그대

사랑하는 사람이
삶이 버거워 휘청거릴 때
조용히 어깨를 내어주고
사심 없는 마음으로
손을 잡아 줄 수 있는 괜찮은 그대

하늘빛이 우울할 때
마주앉아 차 한 잔만으로도
아름다운 여인이 될 수 있고
허탈한 날
몹시도 괴로울 때
조용한 음악 한 곡 마주 들으며
눈처럼 하얀 미소로 정을 나눌 수 있는
그런 친구 하나 있었으면 좋겠네요.

낙동강 물안개

눈썹 모양의 달은
물가의 버들가지에 걸려 있고
높은 산은
물속 거울에 비치는 구름 꽃

강가에 사흘을 비가 내려
아름다운 자연과 산수에 꽃이 피었고
한밤중에 잉어 떼들
여울 타고 뱃머리에 올라오네

해가 오봉산을 비출 때
낙동강 물안개에 일어나던 자줏빛 무지개는
은하수를 타고 하늘에 올랐나
무지개 걸렸던 산은 안개에 가렸다.

겸손한 사람은 참 아름답다

겸손이란
참으로 자신 있는 사람만이
갖출 수 있는 인격이다

자신과 자부심이 없는 사람은
열등의식이나 비굴감은 있을지언정
겸손한 미덕을 갖추기 어렵다

겸손은 자기를 투시할 줄 아는
맑은 자아의식을 가진
사람의 속에 있는 것이다

자기의 한계를 알고
한정된 자신의 운명과
분별력을 가진 사람만이 겸손할 수가 있다

겸손은 생명 자연
옆에 있는 사람이나 사물을
모두 스승으로 삼아
가르침을 얻고자 하는
겸허함을 가진 이의 깊은 마음

경건한 삶을 사는 사람은
함부로 부화뇌동附和雷同하지 않으며
함부로 속단하지 않으며
인내하고 사랑함으로써 극복하는
그런 사려 깊은 삶을 사는 사람을
우리는 사랑하지 않을 수 없을 것이다.

자연과 인생사

귀하고 천한게 모두 다르지만
문밖에 나서면 제각기 일이 있어
홀로 명산에 끌려
끝내 한가히 사는 정
자연에 마음을 기른다

밤새 보슬보슬 내리는 비에
풀은 얼마나 자랐는가
청산엔 아침 햇볕 비쳤는데
새들은 집에 앉아 울어대고
때로는 학자와 만나기도 하고
때로는 졸부를 따라도 가고
이렇게 사는 것이 즐거운 것을
뉘라서 세상영화 같다 했나.

옹달샘

산 높고 골 깊은 작은 옹달샘
나무와 바위 사이에 작은 샘
낮에는 새들과 노루 토끼들
맑고 청아한 샘물을 찾아들고

길손도 옥수 같은
옹달샘에 마른 목을 적시며
밤에는 달빛도 샘물 속에 얼굴을 닦고
밤하늘에 수많은 별님도 앞 다투어
얼굴을 적신다

땅속 나무뿌리에 맑은 물을 나누어 주며
바람 소리에 노래하며
큰 바위 작은 바위 얼굴을 닦아주고
구름 따라 옹달샘은 긴 여행을 한다.

우리는 마음부터 만났습니다

우리는 만났습니다
마음에 글을 놓았고
글에 마음을 담고

그리움을 두고서
서로 다른
향기의 그리움이기에
취할 수밖에

또 하나의 이름 앞에서
추억 속의 친구처럼
우리는 글을 전하며

그것이 어설픈 마음일지라도
그것이 초라한 마음일지라도
같은 마음이길 바라며

오늘 하루도
"삶"속에 작은 물방울이 모여서
큰 항아리에 물을 채우듯이

사랑을
웃음을 생각 하며
믿음을 생각 하고
새로운 꿈을 생각 하며

파란 마음 가득
후리지향* 가득함으로
행복과 평화를 가득 누리는
아름답고 복된 날이어라.

*후리지아 향: 프리지어 freesia(붓꽃과에 속한 여러해살이풀) 꽃의 향기

가을 여행

버스 타고 가을 여행
산허리 굽이굽이 돌아

이번 정류장은 단풍마을
다음 정류장은 낙엽마을

성큼 다가온 겨울에
놀라 숨어버린 가을

어느 마을
들국화 아름다운 꽃길

억새 은빛 물결 산길
낙엽은 추워서 허리 굽혔나

가을걷이 끝낸
논길 따라 밭길 따라

가을 풍경 속으로
시 한 수 읽는구나.

호주머니 속에 시를 넣고 다니세요

호주머니에 시를 넣고 다니고
머릿속에 그림을 넣고 다니세요

그러면 밤에 잠자리에 들어서도
꿈에 아름다운 시를 볼거예요

밤에 잠자리에 들면
작은 시가 당신에게 노래를 불러주고

한 권의 시를
꿈에 갖다 안길 거예요

꿈속에서도
쓸쓸한 느낌이 안 들고

자고 일어나도
머릿속에 시가 향기를 피울 거예요.

저울로는 달 수 없는 무게

고귀한 어머니 몇 개 눈물방울
일터에서 흘리신 아버지의 땀방울은
무게를 달 수가 없네

스승님 가르침
그 수많은
지식을 무게로 달수가 없고
아름다운 친구들과 나눈 우정을
무게를 달아 보아도 무게가 없네

나의 몸무게는 보여도
부모님 사랑
선생님의 가르침
친구들 우정은 모두 고귀한 사랑
사랑을 저울에 올려도
저울 눈금은 그대로
무게는 달 수가 없네요.

제 7 부

작품해설

그리움의 본성을 찾아 회귀하는 감성적 통찰

그리움의 본성을 찾아 회귀하는 감성적 통찰

시인 김 도 우

1. 자연의 생태적 인식과 형상화

「바라만 보아도 아름다운 당신」을 출간한 김대식 선생의 시는 한마디로 고향의 향기가 물씬 난다. 고향을 향한 오랫동안 잊혀지지 않는 시인의 그리움은 단순한 그리움이 아니다. 가슴 깊이 인화된 사무치는 그리움은 시인이 걸어온 인생의 지나온 발자욱이며, 삶의 다양한 빛깔로 채색된 바래지 않는 풍경화 같은 그림이다. 그러므로 시인의 언어는 치열하게 탁마된 지적 소산물이기 보다 자신도 모르게 습득되어온 자연 생태적 인식의 결과물이라 할 수 있다. 시인이 수많은 인생의 길을 걸어오면서 한결같은 시적 세계를 확보하수 있었던 것은 고향의 들판과 하늘, 형형색색 피고 지던 꽃들의 향연, 가슴을 설레게 하던 연분홍 사랑이 선생의 상상력을 자극하는 촉매였다고 말할 수 있다.

(중략)
바라보기만 하여도
눈이 시린 하얀 눈이

오늘 같은 겨울날에는
세상을 희게 만들었던 날
사슴의 눈을 닮았던
내 친구들 보고 싶네요
많은 친구가 세상을 떠났습니다
매년 이맘때쯤 눈이 내리면
먼저 흰 눈 사이를 비집고 떠나버린
내 친구들 생각에 마음이 시려옵니다

–「고향의 겨울」 부분

친구를 그리워하는 시인의 시적 상관물은 눈과 겨울, 사슴의 눈을 닮은 친구와의 추억이다. 자연과의 형상화를 '나' 와의 상호적 관계로 환치시켜 자연과 사람과의 교감으로 시의 지평을 넓혀간다고 말할 수 있다. 자연과 사람이 시의 근간을 이루는 시인은 삶의 애환을 오랜 세월동안 숙성시켜 따뜻한 작품으로 승화시켰다. 바라보기만 하여도 눈이 시린 하얀 눈이 능동적 존재로 변화하여 사슴의 눈을 닮은 친구로 옮겨가는 서정적 순환의 기법을 도입하였다. 시인이 자연에 순응하고 순리에 따르는 자연 생태적 작가임을 잘 나타내고 있다.

밤 서리에 놀란 잎새
자주자주 펄럭이고
들개바람 눈을 불러
골방으로 들어올 때
속절없는 생각

임 그리움뿐이다
소슬한 서리 바람
북쪽 숲을 스치는데
처량한 까마귀
달 맞아 슬퍼 우네
가물거리는 등불 아래
임 그리는 눈물이야
임 생각에 솟는 눈물
바늘귀에 떨어져
하얀 천을 적신다.

–「겨울 찬바람」 전문

임을 그리워하는 서정시의 보편적 발화점을 시인은 "들개 바람 눈을 불러/ 골방으로 들어올 때"라는 강원도의 토속어로 감칠맛 나게 전환시켰다. 미화되지 않은 순수무구한 감정의 표출은 시인의 성품과도 일치된다고 본다. 임을 향한 이상적 가치에 겨울 찬바람의 쓸쓸함이 내포된 시는 "임 생각에 솟는 눈물이/ 바늘귀에 떨어져/ 하얀 천을 적신다"는 시어의 백미를 건져 올렸다. 시인은 존재하는 물상들을 소홀히 보지 않고 내적 열망의 분출을 낱낱이 확인하며 묵묵히, 그리고 일상적 화답으로 시의 세계를 탐색하여왔다. 거기에는 시인의 철학과 고뇌, 투철한 작가정신으로 일생적 관계로 형성되어있다. 시인은 모든 욕망의 코드를 언어에 쉽게 들이대지 않는다. 시에 대한 경건함으로 일정한 간격을 유지하고 사색하는, 그래서 자신만의 언어로 육화하는 과정을 게을리 하지 않는다.

2. 체험과 실제적 관계에 대한 깨달음

솔바람 천년 세월
영월 소백산
어린 단종 비운의 땅에
새소리 벗 삼고
시조를 읊조리며
험준한 재를 넘어
의풍리 와석에 풋잠을 청한
난고 김삿갓
밤이면 구름 속에
얼굴을 숨기는 달이
엉성한 문틈을 비집고 들어와
벗하자 유혹하네

–「고향의 김삿갓」 전문

시란 보는 관점에 따라 다양한 해석과 감성을 전한다. 그래서 시는 보는 이의 취향과 지적능력에 비추어 작가의 의도를 간파하기도 하며 작가에게 내재된 내면의식보다 훨씬 더 많은 의미를 유추하기도 한다. 많은 시인들은 고정된 사고의 틀을 깨기 위한 부단한 노력으로 획일적 언어로부터의 해방을 꿈꾼다. 김대식 시인은 "솔바람 천년 세월/ 영월 소백산/ 어린단종의 비운의 땅에/ 새소리 벗 삼고/ 시조를 읊조리며"에서의 시에서 나타낸바 있듯이 자아의 존재에 대한 깨달음 이상으로 체험과 실제적 관계에 대한 깨달음을 추구한다고 하겠다.

자연발생적인 시적 언어에서 담담하고도 부드러운 정감으로 독자에게 다가가는 시인은 태생적인 시인이라고 해도 과언이 아니다. 시인은 산세 수려한 강원도에서 태어나 땅내음과 맑은 계곡을 벗 삼아 유년을 보냈다. 청풍명월의 고향에서 순박한 인심을 물려받은 시인의 심성은 숨결처럼 포근하다. 칼날 같은 어휘와 매끄러운 필치보다는 둥글고 따사로운 봄날 같은 숨결이 살아있는 시적 심상이라 할 수 있다. 시는 마음이다. 마음을 담는 시의 우물은 자연과 더불어 살아온 맑은 물이 생명이듯이 선생은 자연스럽게 시인의 토양에서 시인의 길을 가기 위한 초석을 다졌다고 보아야겠다.

너의 등 뒤에서
너를 끌어안으면
너의 왼쪽과 나의 왼쪽
너의 오른쪽과 나의 오른쪽이
정확히 겹쳐진다
나의 심장은
너의 심장과 같은 자리에서 뛰고
나의 왼쪽 손은
너의 왼쪽 손을 잡고
네가
내 눈을 보고 있지는 않지만
내 마음을 읽고 있다.
네가 나에게 뒷모습을 보여주는 것은
너의 전부를 내게 주는 것이다.

-「너의 등뒤에 선 나」 전문

파랗게 멍든 아픔도
사랑으로 씻어집니다
아직도 당신 마음에
나를 사랑하나요
삶의 마음이 혼란스러워
우울하신가요
우리 맑은 마음 연주
천년 그리움이 있잖아요
당신과 내가
함께 기대어
살아온 세월
살아간다는 것 무엇인가요
사랑하는 우리 마음
얼마나 큰 힘인데요
당신은 혼자가 아니어요
우리는 함께 나누며
이렇게 행복의 샘물을
나누어 먹고
풍랑을 만날 때에는
인내로 참고
이별의 서러움이 있을 때에는
깊은 사랑의 손길로 안아주고
천년 그리움의
강가에서 우리는
작은 믿음으로
서로를 사랑으로
바라만 보아도

당신은 아름답습니다

–「바라만 보아도」 전문

위의 두 시에서 시인의 사랑이 얼마나 진지하고 순수한가를 알 수 있다. 너의 왼쪽과 나의 왼쪽/ 너의 오른쪽과 나의 오른쪽이/ 정확히 겹쳐진다/ 너의 심장은/ 나의 심장과 같은 자리에서 뛰고(중략) 어떤 미사여구가 없어도 절절한 마음이 전해진다. 시를 짓는 것은 개성과 자유와 상상의 힘으로, 창조의 무한차원의 세계를 구축하는 것이기 때문에 그 실마리를 풀어내는 신통한 비법은 없다. 단 한번만에 바늘귀를 뚫는 쪽집게 방안이 없다는 점이다. 꾸준히 체험으로 심화된 감정을 재조명하여 언어의 재구성을 이루어야 한다. 시인은 이 세상을 괴로워하기 위하여 태어났다고 하였다. 새로운 구조로 옷을 갈아입히고 내재한 세계와 외재한 세계의 간격이 가장 밀착점의 거리에 있을 때, 시는 기적같이 언어의 정서로 옷을 갈아입고 춤을 추게 된다고 하였다.

3. 주관적 서정과 함축적 언어

떠나는 임의 발목 잡는건
사랑하는 그대의 눈물이라
아지랑이 햇살에 호랑나비가
떠나는 임에게
길동무가 되어
길을 재촉하네
서산에 넘어가는 해가

시간을 재촉하는데
이별과 슬픔의 눈물이
앞을 가리우고
산새들도 울며 작별을 고하며
깊은 마음 달래듯
산천에 진달래꽃
붉은 색상만큼 피멍이 들고
무심한 구름도
발길을 재촉합니다

–「이별」 전문

시인이 바라보는 이별은 아지랑이 햇살, 호랑나비, 산새, 진달래꽃, 구름 등이 동반되어 개인적 특성을 가졌으면서도 이별의 슬픔을 되살리고 있다. 슬픔의 상징으로 자연을 상징하는 전형적인 서정시를 구사하고 있는 시인은 자연에서 감지할 수 있는 모든 느낌을 자연스럽게 병행하고 있다. "사랑하는 임의 발목잡는 건/ 사랑하는 그대의 눈물이라/ 아지랑이 햇살에 호랑나비가/ 떠나는 님에게"라는 시에서처럼 시가 표현하려는 것이 대상에 대한 묘사가 아니라 주관적 경험, 내적세계의 표현이라는점이다. 시인의 주관적 서정은 함축적 언어를 통해 표현되는 것이라고 하겠다. 시인의 주관적 서정은 주관적이고 개별적인 것만이 아니라 개연성을 가진 것이기 때문에 이를 감상하는 독자로 하여금 공감을 일으키게 한다. 그러므로 유년의 기억이나 아름다운 추억, 이별의 아픔 등은 연관적 관계로써 이미 형성되어진 시어의 바탕이 되는 것이다.

눈썹 모양의 달은
물가의 버들가지에 걸려있고
높은 산은
물속 거울에 비치는 구름꽃
강가에 사흘을 비가 내려
아름다운 자연과 산수에 꽃이 피었고
한밤중에 잉어 떼들
여울타고 뱃머리에 올라오네
해가 오봉산을 비출 때
낙동강 물안개에 일어나던 자줏빛 무지개는
은하수를 타고 하늘에 올랐나
무지개 걸렸던 산은 안개에 가렸다

–「낙동강 물안개」 전문

4. 문학적 언어와 일상적 언어

서정시는 대부분 화자가 자신의 이야기를 누군가에게 들려주는 형식을 취한다. 화자가 시인 자신과 구분이 되지 않을 때도 있다. 따라서 서정시를 읽는 독자는 누군가의 목소리를 직접 듣는 듯한 느낌을 받게 된다. 이때 시인이 전달해주는 것은 사물이나 사건 자체가 아니라 그것을 보고 느낀 시인의 감정이다. 직접적으로 표현하지 않는다고 해도 감정을 효과적으로 드러내기 위해 적절한 대상을 찾는 것이 시인의 일이다. 이때 전달하는 감정은 막연한 감상에 그치지 않고 자아와 세계에 대한 성찰을 포함한다. 시인은 "눈썹 모양의 달은/ 물가의 버들가지에 걸려있고/ 높은 산은 물속 거울에 비치는 구름 꽃이라고 하였다. 달이 버들가지에 걸려있듯이 산은 거울에 비치는 구름 꽃이 되듯이 오봉산의 아름다움과 낙동강의 수려한 풍광을 전체의 문장 속에 병풍처럼 펼쳐놓았다.

시의 몫은 배경만 필요한 것이 아니다. 고달프게 살아온 우리의 삶과 운명이라는 사실도 천착되어야 한다고 본다, 그러기 위해서는 삶에 대한 깊은 성찰이 요구된다.

문학은 언어의 소통을 전제로 하는 것이기에 일상의 언어에서 완전히 해방될 수는 없기 때문이다. 문학적 언어와 일상의 언어는 그리 다르지만은 않다. 좋은 문학은 일상의 언어를 긴장과 자양분을 공급하여 잘 갈고 다듬어야 할 것이다. 그런 의미에서 김대식 시인은 어렵지 않은 언어를 사용하여 화자의 감정을 충분히 전달해주는 시를 주로 쓰고 있다는 사실이다. 사람의 마음속에 꽃이 피고 자연이 열리면서 시심이 전달되고 있기 때문이다.

강렬함은 없어도 개인적 술회의 언어가 친근하게 다가와 전혀 낯설지 않다. 그래서 시를 읽는 사람에게 공감대가 이루어져 정서가 더 깊이 다가온다.

김대식 시인의 감각은 자연을 통해 늘 끊임없이 새로운 세계를 경험하고 있다. 담백하다 못해 소박한 묘사에서 일상적 감각을 넘어 자연의 근본에 다가가는 풍부한 감수성을 느끼게 된다. 단순한 감각의 언어와 자연이 적절하게 만났을 때 좋은 시가 탄생한다는 것은 굳이 설명하지 않아도 되는 중요한 점이다.

김대식 시인의 감각은 자연을 통해 늘 끊임없이 새로운 세계를 경험하고 있다. 담백하다 못해 소박한 묘사에서 일상적 감각을 넘어 자연의 근본에 다가가는 풍부한 감수성을 느끼게 된다.

단순한 감각의 언어와 자연이 적절하게 만났을 때 좋은 시가 탄생한다는 것은 굳이 설명하지 않아도 되는 중요한 점이다.

김대식 시인은 자연 속에서 고뇌하는 방랑객이되어 인생의 희노애락喜怒哀樂을 시로 승화시키며 서로를 그리워하며 시의 세계와 같이 살아가고 있다. 시인은 언어의 숨결을 느끼며 그리움과 이별, 사랑, 고향을 찾아나서는 영원한 시적 순례자가 될 것임을 믿어 의심치 않는 마음이다.

바라만 보아도

아름다운 당신

야천 김대식 詩人 4번째 시집

인쇄일_ 2012년 11월 3일
발행일_ 2012년 11월 5일

지은이_ 김대식
발행인_ 최경식
발행처_ 도서출판 청옥문학사
디자인_ 문화마을

등록번호_ 제10-11-05호
주 소_ 부산시 금정구 명서로 94, 101-411
전 화_ 051-525-7965
팩 스_ 051-529-6068
E-mail _ kyu500@hanmail.net (출판사)

ISBN 978-89-97805-03-7
값_ 10,000원